コンサートが、

けじす。

森のコンサート

1

ネコは、ピアノをひきます。

サルは、バイオリンをひきます。

ウサギは、フルートをふきます。

キツネは、トランペットをふきます。

クマは、シンバルをたたきます。

タヌキは、たいこをたたきます。

4

トリたちは、うたをうたいます。

ゾウは、カスタネットをたたきます。
でも、じょうずじゃないです。

コンサートが、

おわりました。

森のコンサート

ジャジャ ジャン

みんな、手をたたき……

7

風が、

ふきました。

森のコンサート

「あっ、あぶない！」

森のコンサート

みんな、手をたたきます。

<監修者紹介>

NPO 多言語多読

「多言語多読」は、外国語を身につけたい人や、それを支援する人たちに「多読」を提案し、応援する NPO です。
2002 年、日本語学習者のための「読みもの」を作ることを目的に、日本語教師が集まって日本語多読研究会を作りました。2006 年に NPO 法人化。2012 年に「NPO 多言語多読」と名称を変更し、多読の普及、実践、研究、日本語の「レベル別読みもの」の開発をしています。

https://tadoku.org/

レベル別日本語多読ライブラリー（にほんご よむよむ文庫）
［スタート］
森のコンサート

2022 年 5 月 25 日　初版 第 1 刷 発行

作：遠藤 和彦（多言語多読会員・日本語教師）
作画：やまだ ゆきえ
監修：NPO 多言語多読

ナレーション：谷口 恵美
デザイン・DTP：有限会社トライアングル

発行人：天谷 修身
発　行：株式会社アスク
　　　　〒 162-8558 東京都新宿区下宮比町 2-6
　　　　TEL.03-3267-6864 FAX.03-3267-6867
　　　　https://www.ask-books.com/
　　　　https://www.ask-books.com/jp/tadoku/（『にほんご よむよむ文庫』公式サイト）

印刷・製本：株式会社光邦